ÉCLAIREURS UNIONISTES DE FRANCE

Siège Social : 41, Rue de Provence, PARIS, IXe

POUR

DEVENIR

ÉCLAIREUR

(Extraits du " Manuel de l'Eclaireur ")

CAHORS
IMPRIMERIE TYPOGRAPHIQUE COUESLANT
(Personnel intéressé)

1921

RENSEIGNEMENTS UTILES

Troupe d _______________________

Adresse du local _______________________

Nom et adresse du Chef de Troupe : _______________________

____

____

Nom et adresse de mon Chef de patrouille : _______________________

____

____

Jours de réunions

____

____

____

____

____

Date de l'admission comme novice : _______________________

Date de l'examen d'aspirant : _______________________

Notes obtenues : _______________________

Date de la promesse : _______________________

1.

ÉCLAIREURS UNIONISTES DE FRANCE

Siège Social : 41, Rue de Provence, PARIS, IXe

POUR DEVENIR ÉCLAIREUR

(Extraits du " Manuel de l'Eclaireur ")

CAHORS
IMPRIMERIE TYPOGRAPHIQUE COUESLANT
(Personnel intéressé)

1921

Ce que tout Eclaireur doit savoir faire

Etre Eclaireur, dans notre beau pays de France, ne consiste pas à parader avec un costume, si élégant et si bien porté qu'il soit, mais à être *toujours prêt*,

à se tirer d'affaire lorsqu'on est seul ou à pouvoir rendre service lorsque l'occasion s'en présente. C'est savoir aller, bâton en main, loin des grandes villes, seul ou avec de bons compagnons, dresser sa tente dans les bois, allumer son feu, faire soi-même sa popote. C'est apprendre à connaître tous les animaux qui y vivent, toutes les herbes, bonnes ou mauvaises, qui y poussent et à y découvrir, un par un, tous les secrets et toutes les lois de la forêt et des prairies.

Etre Eclaireur, c'est comprendre le langage des vertes ramées comme nos vieux ancêtres, les druides et les brenns, les chevaliers errants et tous les pionniers qui ont porté nos couleurs dans toutes les parties du monde. C'est remplir ses yeux de la belle lumière du jour, ses poumons de l'air pur des campagnes, c'est trouver son chemin par le soleil ou la boussole, courir à travers bois en suivant une piste, être secourable envers tous et savoir soigner les blessés.

Etre Eclaireur, c'est se maintenir en bonne santé, fort et vigoureux par la vie au grand air, pratiquer toutes les règles de sa patrouille, s'entraîner à vaincre toutes les difficultés, à réaliser les plus grandes entreprises, être prêt pour toutes les missions qui se présenteront.

Etre Eclaireur, c'est être à la maison, à l'école, au bureau, à l'atelier comme un rayon de soleil, toujours gai et souriant, débrouillard et serviable.

C'est se rendre sans cesse utile au foyer par son ingéniosité, en graissant les serrures, en réparant la table qui boîte, en arrangeant les pendules, en montant le bois, le charbon ou l'eau à la maman, en rendant mille petits services, tour à tour menuisier, serrurier, tapissier, forgeron, mécanicien, dans tous les menus travaux de la maison.

En devenant aspirant, puis éclaireur de 2e et de 1re classe, en travaillant ses différents brevets, chaque garçon se préparera à son métier d'éclaireur et à être en toute chose fidèle à sa loi et à son serment.

L'instruction technique de l'éclaireur ne saurait d'ailleurs être limitée aux matières contenues dans les quelques pages de ce manuel (1). Celui-ci n'est qu'une introduction à la vie dont les perspectives se développeront à l'infini pour l'Eclaireur qui aura su comprendre, aimer et réaliser.

(1) *Manuel de l'Eclaireur*, par H. Bonnamaux. 5e édition. En vente au Comité National des Eclaireurs Unionistes, 41, rue de Provence, Paris (9e).

Admission au stage de novice

Le jeune garçon, tout novice dans la science de l'Eclaireur, et dont les tendres pieds ne sont pas encore endurcis aux marches dans la forêt et dans la brousse, doit accomplir un premier stage comme « *novice* » ou « *pied-tendre* », en répondant aux conditions d'admission suivantes :

1° Etre âgé de 11 ans au moins, en bonne santé, et présenter au besoin un certificat médical ;

2° Etre présenté par ses parents ou par deux Eclaireurs, et remettre une autorisation *écrite* de ses parents ou tuteur.

3° Etre agréé du Chef de Troupe.

Le novice participe aux réunions de la Troupe, mais ne porte pas l'uniforme.

Examen d'aspirant

Pour devenir aspirant, le novice doit remplir les conditions suivantes :

a) *Avoir pris part, comme novice, à quatre réunions de la troupe ou de la patrouille,*

b) *Satisfaire aux épreuves suivantes :*

1° Se présenter et se tenir correctement : saluer et connaître la signification du salut de l'éclaireur ;

2° Réciter la loi de l'éclaireur et en expliquer le sens ;

3° Connaître les signes de reconnaissance, l'appel de l'éclaireur et les principaux signes de la piste ;

4° Connaître les insignes de grades et classes, et l'organisation des Eclaireurs dans la Troupe ;

5° Expliquer l'origine du Drapeau Français ;

6° Faire et utiliser couramment les nœuds suivants : nœuds plat, coulant, de batelier, de pêcheur, de surliure ;

7° Exécuter un petit travail pratique, tel que faire un paquet, coudre un bouton, etc., au choix du candidat ;

8° Accomplir une marche de 10 km. en 2 h. 10 sans fatigue anormale ;

c) *Etre agréé par le Chef de Troupe.*

Le candidat remplissant ces conditions est admis à faire la promesse devant les autres Eclaireurs et à recevoir l'investiture de son Chef. Il est dès lors enrôlé définitivement et a le droit de porter l'uniforme et l'insigne.

Les signes de reconnaissance

L'insigne.

Notre insigne est un *Coq doré debout*, symbole de l'esprit gaulois, fier et loyal, toujours joyeux, qui chante dans les heures les plus douloureuses et les plus graves sa foi en l'avenir. Notre coq est sur banderolle portant le mot d'ordre « SOIS PRÊT », et le petit appendice rappelle à l'Eclaireur sa Bonne Action, sa B. A. à remplir chaque jour.

L'insigne se fixe sur une cocarde au chapeau et se porte avec le costume civil à la cravate ou à la boutonnière.

Le salut (1).

Se reconnaître comme les membres d'une même fraternité, comme des frères d'armes unis par le plus noble idéal, ne peut se faire que par un salut large et décidé, comme notre salut militaire : il s'en distingue cependant, car il ne s'effectue qu'avec les trois doigts du milieu (le pouce reposant sur l'ongle du petit doigt replié) pour rappeler la triple promesse de l'Eclaireur.

Il est en soi un témoignage de respect au chef, de sympathie au camarade ; aussi tout salut donné doit être rendu.

L'Eclaireur doit saluer au passage du Drapeau national. Au repos, s'il est sans bâton, il salue de la

(1) A côté du salut et du demi-salut décrits ci-après, le *grand salut* est aussi employé dans certaines circonstances exceptionnelles (voir le dessin de la page   ).

2.

main droite en se mettant au garde-à-vous (1). S'il porte son bâton, il le saisit de la main gauche en lui faisant prendre une position oblique, et salue de la main droite.

En marche, l'Eclaireur accomplit le même geste, en tournant la tête vers la personne saluée.

En corps, le chef seul salue.

Le Demi-Salut.

Il sert de signe de reconnaissance entre les éclaireurs en tenue ou en civil et leur permet ainsi d'entrer en relations.

Il consiste à porter la main droite à hauteur de l'épaule, la paume en avant, le pouce et le petit doigt se touchant et les trois doigts du milieu étant seuls allongés comme pour le salut.

Présentation.

Tout éclaireur s'adressant à un supérieur l'appelle « chef ». Les éclaireurs se serrent entre eux la main gauche.

Refrain.

Les Eclaireurs Unionistes peuvent également se reconnaître en sifflant ou fredonnant leur refrain :

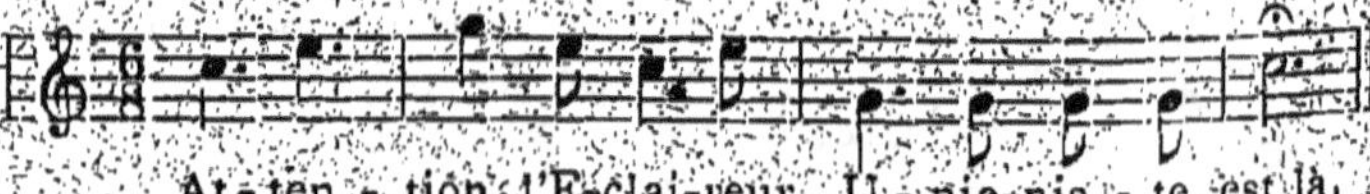

Un Eclaireur est le frère de tous les autres Eclaireurs.

Si un inconnu te fait un des signes de reconnaissan

(1) *Position du garde-à-vous.* — Les talons joints, les pieds en équerre, les jambes tendues, la poitrine en avant, les épaules effacées, les bras le long du corps, les mains tournées en dehors, les doigts allongés et joints, la tête haute et droite sans être gênée.

ce des Eclaireurs, tu dois lui répondre par le même signe, et ensuite lui serrer la main gauche. S'il montre alors son insigne d'éclaireur, ou prouve d'une manière ou d'une autre qu'il est éclaireur, tu dois le traiter comme un frère et l'aider en toute chose juste et honnête par tous les moyens possibles.

Les Signes de la Piste

L'Eclaireur devrait pouvoir tracer et lire comme l'Indien les signes de la piste, inintelligibles au « Visage Pâle », mais compréhensibles à l'initié. L'Indien utilise, pour traduire sa pensée, les moindres brins d'herbes, les fleurs, les plantes, les pierres, et sait discerner les moindres faits de la nature.

L'Eclaireur aspirant doit savoir tracer et reconnaître couramment les signes suivants :

Chemin à suivre.

Chemin à ne pas suivre.

Lettre cachée à 3 pas dans la direction de la flèche.

Attendez ici.

Obstacle devant vous, à franchir.

Camp dans cette direction.

Je suis rentré chez moi.

Eaux potable dans cette direction.

Signé : le second de la patrouille des Renard de la 3e Troupe des Batignoles.

DEVISE
SANS PEUR ET SANS REPROCHE

MOT D'ORDRE
SOIS PRÊT

PROMESSE DE L'ÉCLAIREUR
Je promets sur mon honneur de faire tout mon possible pour :
SERVIR DIEU ET LA PATRIE
RENDRE SERVICE A TOUT MOMENT
OBÉIR A LA LOI DE L'ÉCLAIREUR

LA LOI DE L'ÉCLAIREUR

1. **UN ÉCLAIREUR N'A QU'UNE PAROLE.** On peut compter sur lui ; il ne ment jamais.

2. **UN ÉCLAIREUR EST LOYAL.** Fidèle à Dieu, à la patrie, à ses parents, ses maîtres et ses chefs, il les défend envers et contre tous.

3. **UN ÉCLAIREUR SE REND UTILE.** Il aide son prochain et se porte à son secours coûte que coûte. « Il doit faire une bonne action au moins une fois par jour. »

4. **UN ÉCLAIREUR EST L'AMI DE TOUT LE MONDE ET LE FRÈRE DE TOUS LES AUTRES ÉCLAIREURS.** Il ne fait pas de distinction entre ceux qui sont plus ou moins riches, plus ou moins bien vêtus.

5. **UN ÉCLAIREUR EST COURTOIS.** Il est poli à l'égard de tous et surtout des femmes et des enfants, comme aussi des faibles et des infirmes. Il n'acceptera jamais qu'on le paye pour sa politesse.

6. **UN ÉCLAIREUR EST BON POUR LES ANIMAUX.** Il n'en tue aucun sans raison et il protège les animaux utiles.

7. **UN ÉCLAIREUR EST DISCIPLINÉ.** Il obéit joyeusement et sans hésiter à tous ceux qui ont autorité sur lui.

8. **UN ÉCLAIREUR EST TOUJOURS DE BONNE HUMEUR.** Il prend les choses du bon côté, il ne s'emporte pas, il ne jure jamais.

9. **UN ÉCLAIREUR EST COURAGEUX, DÉBROUILLARD, DÉCIDÉ.**

10. **UN ÉCLAIREUR EST TENACE.** Les difficultés ne le découragent pas.

11. **UN ÉCLAIREUR EST TRAVAILLEUR, PRÉVOYANT ET ÉCONOME.**

12. **UN ÉCLAIREUR EST PROPRE DANS SON CORPS, DANS SES PENSÉES, SES PAROLES, SES ACTES.** Il ne fait rien de honteux.

Signes distinctifs

Tableau des Grades et Insignes

GRADE	COQ AU CHAPEAU[1] SUR COCARDE	PATTE et NŒUD D'ÉPAULE	CORDELIÈRE	FOULARD
Commissaire national.	Tricolore	Tricolore	Jaune et verte[2]	
— adjoint	Bleue et rouge*	Bleu et rouge	id.	
Commissaire régional.	Bleue	Bleu	id.	
— adjoint...	Bleue et pourpre*	Bleu et pourpre	Bleue et pourpre	
Commissaire de secteur	Pourpre	Pourpre	Pourpre	
— adjoint.	Pourpre et verte*	Pourpre et vert	Pourpre et verte	
Chef de Troupe.	Verte	Vert	Verte	Couleurs de la Troupe
— adjoint.	Verte et rouge*	Vert et rouge	Verte et rouge	id.
Aumônier	Jaune et violette*	Jaune et violet	Jaune et violette	id.
Instructeur	Marron	Marron	Marron	id.
Eclaireurs	Tricolore	Couleurs de la patrouille	Kaki	id.
Chef de patrouille...	2 bandes blanches sur poche gauche de la chemise.			
Second de patrouille..	1 bande blanche sur poche gauche de la chemise.			

* La 1re couleur est à l'extérieur de la cocarde.

(1) Le coq à fixer au chapeau est un coq monté sur tiges, pouvant se piquer au milieu de la cocarde ; il doit être fixé en avant du chapeau, au pied de l'arète qui sépare les 2 bosses antérieures, et assez bas pour que la cocarde recouvre légèrement la courroie du chapeau.

(2) La cordelière jaune et verte (couleurs du scoutisme) est réservée aux membres du Comité National (C. G. S.). Les membres du C. G. S. qui n'ont pas de grade actif portent cocarde et pattes d'épaule aux mêmes couleurs.

Ce tableau montre d'abord que tous les Eclaireurs portent le coq en métal doré, insigne du Mouvement des E. U., piqué sur une cocarde au chapeau. Cette cocarde est tricolore pour les éclaireurs (y compris chefs et seconds de patrouille), de couleurs variables pour les Chefs.

Classes, brevets, diplômes et initiations.

Alors que les insignes étudiés ci-dessus correspondeut à des *grades*, c'est-à-dire à divers degrés de *commandement* dans le Mouvement, les insignes qui suivent correspondent au degré d'*instruction* de l'éclaireur ; on ne peut les conquérir qu'après avoir passé certains examens, de plus en plus difficiles. Il y en a 4 séries :

1° *Classes.* — La classe est indiquée par un coq de drap rouge :

A 3 centimètres au-dessus de la poche gauche pour *l'aspirant.*

Sur le milieu du bras gauche (côté extérieur) pour la *deuxième classe.*

Le même coq surmonté d'un chevron rouge de 5 mm. de large et de 6 cm. de longueur totale pour la première classe.

2° *Brevets.* — Leurs insignes se portent sur le bras droit en 4 lignes parallèles à partir de l'épaule. Ils peuvent se fixer, pour faciliter le lavage de la chemise, sur une fausse manche plus facile à enlever.

3° *Diplômes.* — L'éclaireur diplômé est un éclaireur de 1re classe qui a obtenu au moins 6 brevets. L'insigne du diplôme est porté sur le bras gauche au-dessus du chevron de 1re classe. Il est :

En soie jaune pour 6 brevets ;
En soie rouge pour 12 brevets.

4° *Initiations.* — Les insignes correspondant aux Initiations d'athlète, d'indien, d'artisan et de chevalier sont portés sur le bras droit, *à la place* des brevets qu'ils représentent.

Les Commissaires, Chefs de Troupes et instructeurs ne portent pas les insignes de classes, ni de brevets, mais peuvent porter les insignes de diplômes et d'initiations.

Origines du Drapeau Français

Nos couleurs

Avant la Révolution de 1789, il n'existait pas à proprement parler de couleurs nationales ; les rois et les seigneurs, les abbayes et les villes possédaient leurs bannières autour desquelles se rassemblaient les vassaux en temps de guerre. Cependant, la bannière des rois de France s'imposa progressivement à toutes les autres et fut la plus respectée, jusqu'au jour où le drapeau français fut constitué par l'union du blanc de la bannière royale aux couleurs rouge et bleue de la ville de Paris.

Origine des couleurs :

Bleu : Sous Clovis (470) apparaît la première enseigne bleue : de Louis VII (1137) jusqu'à Henri IV (1610) la bannière de France est bleue avec fleurs de lys d'or.

Rouge : La bannière rouge date de Charlemagne (800). La bannière rouge de l'abbaye de St-Denis figure jusqu'en 1400 dans les combats à côté de la bannière de France.

Blanc : Le blanc date de la guerre de Cent Ans (xv° siècle). L'étendard blanc est celui de Jeanne d'Arc et devient avec Henri IV l'insigne du commandement. Il remplace désormais les bannières rouges ou bleues comme étendard de la royauté.

Quant à la *bannière bleue et rouge* elle fut donnée aux troupes de Paris (vers 1356) par Étienne Marcel, prévôt des marchands.

Lors de la Révolution, après la prise de la Bastille, le 17 juillet 1789, Louis XVI venu de Versailles à l'Hôtel-de-Ville de Paris, piqua, sur le conseil de La Fayette, la cocarde bleue et rouge de la ville de Paris sur la cocarde blanche de son chapeau : « Prenez-la, Sire, lui dit La Fayette, elle fera le tour du monde. »

Le Drapeau

De 1789 à 1814, le drapeau comprend nos trois couleurs : bleu, blanc et rouge dans un ordre quelconque, le bleu et le rouge étant disposés sur un fond blanc en croix, en bande, en carré ou en losange, avec le bonnet phrygien que remplace ensuite l'aigle impériale.

En 1814, un décret précise la disposition, le bleu étant à la hampe, le blanc au milieu, puis le rouge en dehors. En 1871, toutes les troupes reçoivent le drapeau de laine avec lance en bronze.

Le 14 juillet 1880, remise solennelle à tous les régiments de drapeaux en soie à franges d'or.

Sur une face on lit :

République Française
Honneur et Patrie

Sur l'autre, le numéro du régiment et le nom des principales batailles où celui-ci s'est illustré.

Ce sont ces drapeaux qui ont fait la grande guerre de 1914 à 1918 et dont la plupart ont reçu la croix de guerre, la médaille militaire ou la Légion d'honneur et les différentes fourragères aux couleurs correspondantes, juste récompense de hauts faits et de souffrances jusqu'ici sans équivalents dans l'histoire.

Nœuds de l'Eclaireur

L'éclaireur aspirant doit connaître les éléments des nœuds (fig. 1, 2, 3, 4) et savoir utiliser couramment les cinq nœuds primordiaux suivants : **Nœuds plat, coulant, de batelier, de pêcheur et de surliure** (fig. 6, 8, 9, 10, 11).

Nœud plat. Ce nœud se fait en commençant par une simple clef (fig. 5), puis une deuxième simple clef par-dessus (fig. 6). Les brins doivent entrer et sortir du même côté, car autrement c'est un nœud dit « de vache », qui ne tient pas (fig. 7). Il est indispensable de ne pas se tromper entre les deux nœuds. S'habituer à toujours commencer le nœud plat par la simple clef, au lieu de commencer par faire une boucle à une des ficelles ; car en serrant un paquet on doit avoir les deux brins libres dans la main, pour bien tirer. Pour faire ensuite la 2ᵉ simple clef, mettre son doigt sur le premier nœud pour l'empêcher de glisser.

Nœud coulant (fig. 8). Le seul pouvant être fait sans se servir des bouts de la ficelle. S'habituer à le faire instantanément, sans se servir des bouts. Le nœud coulant se défait tout seul en tirant les deux bouts, à condition qu'il n'y ait rien dans la boucle. Ce nœud est le principe même du « crochet », et tout éclaireur doit savoir, par une succession de nœuds coulant les uns dans les autres faire un fouet en triplant une ficelle.

Nœud de batelier (fig. 9). S'habituer à le faire en deux temps : une boucle dans un sens et une boucle dans l'autre, qu'on enfile successivement sur le piquet ou le poteau destiné à l'amarrage. Ce nœud tient mieux avec une corde qu'avec une ficelle.

Nœud de pêcheur (fig. 11). Nœud qui ne glisse pas et ne se desserre pas dans l'eau.

Nœud de surliure (fig. 10). Se fait avec une ficelle fine et longue, autour d'une corde ou de tout objet circulaire. Commencer par une boucle allongée sur toute la longueur que l'on désire couvrir. Enrouler ensuite la ficelle bien serrée, chaque brin à côté du précédent, jusqu'au bout de la longueur de la boucle. Enfiler la ficelle restante dans la boucle, et tirer la ficelle de la boucle. Couper ensuite les bouts restants, pour avoir quelque chose de bien propre.

Usages de ces nœuds

Pour faire un paquet, employer le nœud plat, ou le nœud coulant, en assurant le brin coulant par un nœud supplémentaire.

Pour attacher une ficelle ou corde à un point d'appui (piquet, etc.), employer le nœud coulant dans la plupart des cas, surtout avec une ficelle. Avec une corde (cas d'un bateau qu'on amarre), employer le nœud de batelier. Pour attacher une ficelle à un anneau (ou à une branche), faire un nœud coulant, avec le plus grand bout de la ficelle du côté coulant, passer la ficelle dans l'anneau, et repasser dans le coulant.

Pour attacher un bout de bois au milieu d'une ficelle, par exemple pour faire une attache (une ficelle munie d'un bout de bois à l'extrémité est l'idéal pour attacher un paquet très rapidement), employer le nœud coulant en faisant attention que le coulant soit bien du côté où l'on tire.

Pour préparer une ligne de pêche, employer le nœud du pêcheur, qui peut se mouiller sans se desserrer.

Pour attacher une ficelle à une grosse corde, un nœud plat lâcherait. Il n'y a que le nœud de pêcheur.

Empêcher une corde de se détordre au bout, nœud de surliure.

Faire toutes sortes de garnitures (pour tenir une anse de marmite brûlante, pour enjoliver une poignée, un manche) : nœud de surliure, en choisissant bien sa ficelle, un peu grosse pour les anses de marmite, fine et jolie pour les poignées. Surtout, et en tous cas, serrer fortement ou cela ne tiendra pas.

Ces nœuds, avec au besoin quelques « clefs » supplémentaires, permettent de satisfaire à tous les besoins courants.

NŒUDS. — 1, ganse. — 2, boucle. — 3, nœud simple. — ... simple. — ... premier temps pour faire un nœud plat. — 6, nœud ... nœud de vache (à ne pas faire). — 8, nœud coulant. — ... de batelier. — 10, nœud de surliure. — 11, nœud de ...

IMP. GOUESS. N?? (personnel intéressé). — 21-898